Pétition contre la Traite des Noirs, qui se fait au Sénégal, présentée à la chambre des Députés, le 4 juin 1820; par J. Morenas, ex-membre de la commission d'exploration attachée à cette colonie, chez Corréard, libraire, au Palais-Royal.

L'auteur doit être mis en jugement pour avoir dit la vérité et puni avec rigueur, d'après le vœu de M. Courvoisier.

Il remercie les personnes qui ont eu la bonté de lui faire parvenir des détails sur la traite; comme plusieurs de ses lettres ont été *schmalisées ;* (1) il les prie de lui écrire, à l'avenir par voie sûre, *chez M. Correard*, libraire, au Palais-Royal, galerie de bois, n° 258, ou chez M. Cassano, rue de la Michodière, n° 12.

---

(1) Voyez l'explication de ce mot à la page 14.

IMPRIMERIE DE Mme JEUNEHOMME-CRÉMIÈRE, RUE HAUTEFEUILLE, n° 20.

OBSERVATIONS

SUR

LA TRAITE DES NOIRS,

EN RÉPONSE

AU RAPPORT DE M. COURVOISIER

SUR LA PÉTITION DE M. MORENAS,

Par M. L'ABBÉ GIUDICELLY,

Ancien préfet apostolique du Sénégal et de Gorée.

Le mal est à son comble, lorsque les citoyens font métier de vivre aux frais du gouvernement.

Un écrivain de bien du siècle dernier.

PARIS,

Chez les Marchands de Nouveautés.

—

1820.

OBSERVATIONS

SUR

LA TRAITE DES NOIRS.

MONSIEUR,

J'AI cru, d'après la décision de la chambre des députés, que la question sur la traite des Noirs allait enfin paraître au grand jour, dans le temple de Thémis. J'attendais cette occasion pour déverser sur vous l'odieux des calomnies dont vous avez voulu me couvrir, et vous répéter, en face, que l'exécrablecommerce de chair humaine s'est fait, au Sénégal et à Gorée, sous l'administration de MM. Schmaltz et Fleuriau, avec autant de publicité que vous en avez mis à le nier du haut de la tribune nationale. Trompé dans mon attente, je suis forcé de recourir au seul moyen qui me reste ; celui de publier ma défense.

Abusant de l'inviolabilité que la charte vous accorde, et profitant des circonstances, vous répandez le déshonneur sur les citoyens qui ont le courage de dénoncer de grandes iniquités, et vous m'accusez *d'extravagance et d'imposture* pour avoir certifié que la pétition de M. Morenas ne contient que la vérité.

Je n'ai garde de vous reprocher l'inconvenance d'un langage si étrange dans la bouche d'un député, qui, au lieu d'un rapport impartial, prononce un jugement plein d'aigreur.

Le public, toujours juste, saura apprécier, à leur valeur, le simple citoyen qui dénonce de grands crimes, et le député qui, pour les nier, tranche hardiment sur des matières qui lui sont inconnues.

Si le rapport sur la pétition de M. Morenas eût été confié aux marchands de chair humaine du Sénégal, ils y eussent apporté plus de franchise et de pudeur ; car aucun d'eux n'a jamais fait mystère de cet infâme commerce, dont vous ne craignez pas de nier l'existence à la face de l'Europe indignée. Serait-il nécessaire de vous citer le nom de quelques-uns de ces tigres, à face humaine, qui jouissent, en paix et peut-être avec *honneur*, du produit de leur industrie sanguinaire ?

Lorsque l'on vendait à Paris au seizième siècle, dans la rue Saint-Landry, et à vingt sous pièce, les fruits infortunés du libertinage, ou de la misère, et que Saint-Vincent de Paule entreprit de mettre un terme à ces cruautés ; ce ne fut ni le procureur général, ni aucun des magistrats de la capitale, qui accusèrent ce saint homme *d'extravagance* et *d'imposture* ; mais bien ceux qui vivaient de ce trafic abominable.

Si votre nom passait à la postérité, l'on dirait que vous avez voulu traduire en justice et déshonorer les citoyens qui ont eu le courage de dénoncer à la nation les horreurs de la Traite. Pour mon compte, malgré votre courroux et vos diatribes, je me fais honneur d'avoir défendu la cause des malheureux Noirs. Tout ecclésiastique, qui sait apprécier l'esprit de l'Evangile, à ma place, devait en faire autant.

Permettez, Monsieur, que j'en appelle au public pour décider de quel côté se trouve *l'imposture*.

Vous dites dans votre rapport (1) « à l'appui de sa pétition, « le pétitionnaire a transmis avant-hier un certificat de M. Giu- « dicelly, préfet apostolique au Sénégal. Cet ecclésiastique at- « teste que le sieur Morenas n'a dévoilé qu'une partie des bri- « gandages occasionnés par la Traite ; que les faits énoncés dans

(1) Voyez la *Gazette de France*, du 30 juin dernier.

« la pétition sont vrais ; que plusieurs de ces faits et beaucoup
« d'autres se trouvent, plus amplement décrits, dans son rap-
« port (1), et que ce qui lui a fait abandonner nos établisse-
« mens d'Afrique, ce fut l'inutilité de ses démarches pour assu-
« rer l'exécution des lois relatives à la Traite. Ce certificat de
« l'abbé Giudicelly, rapproché des rapports et des autres faits
« dont il parle, jette dans la plus grande incertitude.

« Les autorités civiles et militaires l'ont accusé d'imposture
« et d'extravagance.

« Il paraît certain qu'après avoir excommunié les indigènes,
« il a fini par interdire la Chapelle. Enfin, sous plus d'un rapport,
« on l'accuse d'avoir jeté le trouble dans la colonie. Les asser-
« tions de M. Giudicelly sont démontrées fausses par des faits
« et des rapprochemens de date. Il prétend, par exemple,
« qu'un roi maure a été tué dans une action contre les naturels
« du Sénégal, et il est avéré qu'aucun roi maure n'a été tué
« depuis long-temps, et que le seul qui a fini ses jours est mort
« de vieillesse.

« J'avais oublié un fait très-important. M. Giudicelly qui dit
« avoir quitté le Sénégal par horreur pour les abus qui s'y
« commettent, a demandé, par une lettre au ministre de la ma-
« rine, qu'on le renvoie au Sénégal, soit comme curé, soit
« comme historiographe ».

Si vous m'aviez adressé personnellement de pareilles arguties,
je me fusse contenté, peut-être, de vous répondre par quel-
ques-unes des saillantes apostrophes de Saint-Paul aux Crétois.
Puisque c'est aux yeux de la France que vous avez voulu me
calomnier, c'est devant elle aussi que je dois montrer la loyauté
de votre conduite et la franchise de vos discours.

Pour atteindre votre but, qui était de persuader à MM. les
députés que mon témoignage mérite peu de considération, vous
terminez par un trait qui semblait avoir échappé à votre mé-

(1) Du 5 janvier 1819.

(8)

moire, et vous dites : *que j'ai sollicité d'être renvoyé dans ce pays, comme historiographe.*

Cette assertion, Monsieur, décèle en vous la mauvaise foi la plus insigne, ou une bonhomie rare vous devriez mieux connaître. Il fallait lire la pièce dont vous parlez, et alors, au lieu de déclamations déplacées, vous eussiez rempli avec décence la mission de représentant.

A mon retour des côtes d'Afrique, en 1819, désirant faire connaître la vérité à son excellence le ministre de la marine, je lui dis que les assertions de M. Schmaltz, sur la fertilité des sables arides et brûlans du Sénégal, étaient de la dernière absurdité ; que les promesses de cet administrateur n'avaient aucun fondement ; que ses projets et ses démarches qui devaient, selon lui, faire naître la prospérité dans cette colonie, ne tendaient qu'à la ruiner ; enfin, je lui fis entendre que ce *Cagliostro* politique était incapable de produire aucun bien et que sa jactance n'aboutirait qu'à dissiper les deniers du gouvernement, sans aucun avantage pour l'état.

A l'appui de ces remontrances, je fis mention de l'entreprise ridicule, exécutée, à grands frais, par M. Fleuriau, (commandant en l'absence de M. Schmaltz), qui fit semer du coton, en 1818, dans les sables de l'île Saint-Louis, et je prédis qu'on en serait pour la dépense (1), et le gouverneur provisoire pour la gloriole de pouvoir dire *modestement*, à quelques amis, qu'il avait posé la base de la civilisation de l'Afrique.

Dans ma protestation au ministère de la marine, du 5 juin 1819, précisément à l'époque où plusieurs lettres du Sénégal, annonçaient que la plantation *Fleuriau* n'avait eu aucun succès, je finissais, *après avoir protesté contre les injustes décisions du ministre*, à mon égard, par les paroles textuelles que voici :

« J'ai l'honneur, en outre, de faire observer à son excellence

____

(1) Je somme M. Fleuriau, ou tout autre, de déclarer si l'on a retiré une seule livre de coton de cette culture expérimentale.

« le ministre de la marine, que les motifs que j'avais allégués
« dans le temps, étant les mêmes que ceux qui m'ont obligé de
« quitter à la fin cet établissement, il me semble raisonnable
« qu'après que l'on m'aura rendu justice à Paris, j'aille repren-
« dre ma place au Sénégal, afin d'y achever mon ouvrage.
« Ayant été témoin des beaux commencemens de ces nouvelles
« plantations *sur les sables arides de ce pays*, il serait de l'inté-
« rêt du gouvernement de m'y renvoyer, sinon comme prêtre,
« au moins comme historiographe, *pour y être spectateur du*
« *beau dénouement que tout cela doit produire.* »

Est-ce là, M. Courvoisier, le style qu'on emploie pour solliciter, ou mendier des faveurs ? Encore, quelle faveur, grand
Dieu! que celle d'aller supporter soixante degrés de chaleur au
milieu d'un sable mouvant, dépourvu de toutes choses nécessaires à la vie, qui manque d'eau, pendant huit mois de l'année;
pour être témoin et victime de l'administration calamiteuse
d'un Schmaltz, plus nuisible, à cette terre stérile, que le fléau
passager des sauterelles, qui ne laissent, après elles, que la di-
et la mort.

Il s'agit, Monsieur, entre vous et moi, du trafic infâme
qu'on a fait du sang humain, sous mes propres yeux, en 1817
et 1818, et il me paraît qu'il y a de l'extravagance à vouloir nier
les faits dont j'ai été témoin? Pouvez-vous croire que vos sub-
terfuges l'emporteront sur mon témoignage et celui de l'Europe
entière, dans une circonstance où votre devoir et la justice
vous imposaient l'obligation de vous assurer de la vérité?

Pour vous convaincre de la justesse de vos déclamations, je
n'aurais qu'à dérouler devant vous l'état actuel de cette malheureuse colonie, et à nombrer les hommes et les millions
qu'elle a dévorés, sans autre résultat que celui d'avoir enrichi
un petit nombre de fripons.

M. Morenas a dénoncé plusieurs faits positifs et circons-
tanciés, en désignant les personnes et les vaisseaux qui
ont fait la Traite des Noirs avec impunité, et vous cherchez à

distraire l'attention de la chambre, en parlant de mes contradictions avec les rapports des magistrats que M. Morenas dénonce, et qui m'accusent, dites-vous, d'avoir, *sous plus d'un rapport, troublé l'ordre dans la colonie.*

Je vous le demande, Monsieur, qu'un roi Maure aie péri, ou soit encore en vie, en quoi cela peut-il atténuer l'atrocité des faits que j'ai dévoilés à S. Excel. le ministre de la marine, par ma lettre du 5 janvier 1819, et dont voici un extrait.

« Les journaux ont répandu, monseigneur, et c'est le vœu
« des rois et des nations, qu'il n'existe plus de Traite des Noirs.
« Cependant, ce commerce atroce n'a jamais cessé au Séné-
« gal, où il a été, non-seulement permis et toléré, mais encou-
« ragé même en 1817 et 1818.

« C'est surtout, pendant le premier trimestre de cette der-
« nière année que les capitaines Desse, Breant, Jaffro et Raim-
« bault, chargèrent leurs bâtimens de Noirs dans l'île St-Louis.
« Le nommé Jaffro doit avoir dans ses papiers les preuves
« matérielles qu'une partie des Noirs qu'il a portés en Améri-
« que, appartient aux sieurs Colbrant, Lameur, Mile,
« Treves, Calvé, Maritau et Dumege, tous employés du gou-
« vernement. L'un d'eux fut même le premier à établir une
« captiverie au Sénégal, avant même que les Français eussent
« pris possession de la colonie.

« Au mois d'avril dernier, deux bateaux, l'un au sieur la
« Salle, (le songar) l'autre au sieur la Mothe, allèrent dans
« un village du royaume de Brak, où ils prirent une tren-
« taine de Noirs malfaiteurs pour aller faire des esclaves
« dans un autre pays, où ils arrêtèrent trois pêcheurs; mais
« le village où se fit cet enlèvement s'étant défendu, il
« s'ensuivit un combat, où deux des malfaiteurs périrent. Au
« retour de ces deux bateaux au Sénégal, M. le commandant
« Fleuriau se contenta de renvoyer les trois esclaves enlevés,
« sans autre satisfaction pour les familles des malheureux qui
« avaient péri.

(11)

« Vers la même époque, les sieurs Charbonnier, Français, et
« Derneville, indigènes, se trouvant dans le haut du Sénégal,
« pour faire le commerce de la gomme, prêtèrent leurs canots,
« leurs esclaves et leurs armes à une bande de malfaiteurs
« Maures, qui fut tuer un roi d'une autre tribu, sans que le
« gouvernement y ait opposé la moindre répression ».

Ce roi, dont j'ai annoncé la mort, d'après la voix publique,
était étranger aux rives du Sénégal. Il voyageait avec une
escorte et il a échappé parce que les assassins ont dirigé leurs
coups sur les tentes du camp, ignorant que ce roi passait la
nuit dans un hamac suspendu aux branches d'un arbre. Cette
circonstance qui ne fut point d'abord connue, a été cause de
l'erreur du public, que je n'ai pas cru plus tard devoir rectifier
puisqu'elle n'affaiblit en rien l'atrocité du fait que j'ai dénoncé,
et qui est tellement vrai que treize personnes y ont péri, et que
les deux français dont j'ai parlé, y ont perdu leurs armes. Ceci
apprendra à M. Courvoisier, que je n'ai point voulu parler,
comme on le lui a persuadé, d'Hameddou, roi des Braknaz ;
d'Amar, roi des Trarzas ; ni du Shem, roi des Darmankous
qui sont les trois principaux rois Maures en relation directe
avec la colonie : mais d'un autre roi Maure, qui est, peut-être,
inconnu dans les bureaux de la marine.

Quels sont, M. Courvoisier, ces rapprochemens de date,
ces faits et ces pièces qui démontrent que mes assertions manquent de vérité ? Ceux des commandans Schmaltz et Fleuriau,
ou du commissaire Makau ? Je vous défie d'en citer d'autres,
et même d'exposer ceux-ci au grand jour. Au Sénégal, le gouverneur est commandant militaire, juge et administrateur
civil, et si quelqu'un l'accuse, c'est lui seul que vous écoutez.
Vous conviendrez que cette manière de rendre la justice, pour
être fort ancienne, n'en est pas meilleure. Si c'était là l'esprit
de vos lois et de votre gouvernement représentatif, votre ju-
risprudence aurait fait de singuliers progrès.

Voici de quelle manière *j'ai pu jeter le trouble* dans la colonie. Après mon arrivée, en 1816, je ne fus pas long-temps à me convaincre des brigandages qu'on y commettait. Un jour, peut-être, je publierai toutes ces horreurs ; mais ,pour le moment, qu'il vous suffise de savoir *que j'ai vu*, entendez-vous bien, M. Courvoisier, *que j'ai vu* embarquer par centaines, soit à Gorée, soit à Saint-Louis, des malheureux Noirs, destinés pour l'Amérique.

Je fis part au ministre de ma juste indignation, en lui déclarant que je ne pouvais pas résider davantage sur une terre souillée du sang des hommes. En même temps je m'empressai de faire entendre à mes ouailles blanches, ou noires, que ceux qui persisteraient à faire ce commerce, seraient exclus à jamais de la présence de Dieu. Les indigènes convenaient, les larmes aux yeux, que j'avais raison, et quelques-uns renoncèrent même de bonne foi à ce trafic; mais M. Schmaltz, sa suite, et d'autres blancs privilégiés, loin de s'attendrir, me maudissaient, en me disant *Raca ;* à peu près comme vous me l'avez dit, vous, M. Courvoisier, dans votre rapport à la chambre des députés.

Je ne me décourageai point, et je continuai à montrer l'enfer entr'ouvert et prêt à engloutir tous les marchands de chair humaine. Alors le colonel Schmaltz, saisissant le moment où j'assistais un malade à l'agonie, vint me dire, en présence de plusieurs personnes, que, si je lui faisais des *bamboches*, il me ferait traîner en prison. A cette menace inattendue je fus saisi de crainte et de surprise. Le colonel, qui se mêlait parfois de dogmatiser à sa guise, voulant instruire le sieur N... sur les lois de l'église, touchant le carême, et pour modifier l'impression que sa grossièreté venait de produire sur les parens du malade, m'apostropha de nouveau, en me disant avec son ton mielleux : *N'est-il pas vrai, M. l'abbé, que les apôtres n'ont inventé le carême, que pour donner le temps aux bestiaux de se reproduire* (1)?

(1) Le sieur N... avait refusé, le mercredi des Cendres, de déjeûner avec M. Schmaltz pour ne pas enfreindre l'abstinence du Carême; quinze

Comme j'avais été appelé pour remplir des fonctions de paix, et non pour établir une controverse, je levai les épaules, et me retirai en silence.

Lorsque j'ai dit, dans ma protestation au ministre de la marine, que ce colonel se *permettait de dogmatiser sur les matières religieuses, à peu près comme un soldat le ferait au corps de garde*, ce n'était point sans raisons. Quand j'ai refusé d'accepter sa table et de le fréquenter, au Sénégal, apprenez, M. Courvoisier, que c'est parce que les dîners succulens n'ont jamais influencé ma conduite...... Que les hommes pervers et sans honte se prostituent aux plaisirs des sens, ou à la gloriole de montrer un ruban; qu'ils trahissent les intérêts de la nation pour ne penser qu'aux leurs; moi, né Corse, et citoyen français d'adoption, je me sens le courage de braver, non seulement l'injustice de votre rapport, mais même la mort, plutôt que de dévier des sentimens dont je fais hommage à ma patrie et à mon roi.

J'ai troublé l'ordre en me récriant contre MM. Schmaltz et Fleuriau pour les turpitudes qu'ils ont laissé commettre dans l'hôpital, où l'eau de la pluie tombait sur les malades, pendant la mauvaise saison de 1817 (1), et où je fus témoin des crimes qui étonneront le public, quand je les ferai connaître.

J'ai troublé l'ordre, en me plaignant d'avoir été trompé sur le poids et la mesure des denrées que j'ai obtenues, en payant, des magasins du roi, et sur la mauvaise qualité des boissons

---

jours après, ce colonel choisit la chambre d'un moribond pour étaler son érudition sur les lois de l'église et la tradition apostolique.

(1) Les anciens gouverneurs, les Repentigni, les Boufflers, les Blanchot, visitaient régulièrement l'hôpital tous les dimanches, et s'y rendaient souvent les autres jours pour écouter les plaintes des malades et leur porter quelque consolation. MM. Schmaltz et Fleuriau, que M. Courvoisier recommande à l'admiration nationale, n'ont jamais fait une visite aux malheureux malades qu'ils ont abandonnés à la rapacité des subalternes.

falsifiées dont on empoisonne le malheureux soldat et dont, à mon tour, j'ai failli être victime.

Je n'ai pu obtenir, qu'après onze mois d'attente, un acompte sur mes appointemens, et j'ai quitté la colonie abandonnant à la probité des maltotiers ce qu'on me doit encore et qu'on me retient injustement. Lorsque les plaintes et la misère arrachaient un trimestre; la mauvaise foi la plus insigne en réglait le paiement, et après avoir été trompé sur le poids, la mesure et la qualité, on refusait de nous rendre nos bons pour nous livrer ainsi à la discrétion de ceux qui nous avaient volés.

Comprenez-vous maintenant, M. Courvoisier, de quelle manière l'honnête homme indigné peut devenir perturbateur? Mais, quand M. le gouverneur et ses amis ne manquent de rien; qui peut, *sans troubler l'ordre*, faire entendre une plainte? Vous concevez aussi comment les négocians de l'île St.-Louis sont coupables d'attribuer à la mauvaise administration, sous laquelle ils gémissent, la ruine entière de leurs affaires. Qu'importe que leur fortune soit détruite, pourvu que celle de M. Schmaltz prospère. N'est-ce pas, pour la nation, un dédommagement assez doux des quinze cent mille francs qu'elle fournit chaque année l'administration de cette colonie?

Voici encore deux faits, qui prouveront que, *sous plus d'un rapport, j'ai troublé l'ordre* que M. Schmaltz a voulu établir en Afrique.

Les premières lettres qui me furent envoyées de France, sous le pli du ministre de la marine, et sous le cachet d'un des plus illustres archevêques et pair de France, parvinrent au Sénégal vers la fin de janvier 1817; M. Schmaltz attendit que je fusse à Gorée, où il me les fit remettre, *cachet brisé*, vers la fin de mai. Elles contenaient mes pouvoirs spirituels de Rome et plusieurs lettres en français, dont le contenu n'a pas été un mystère pour la colonie. Mon latin, à la vérité, fut respecté faute d'interprète. Pareille violation a eu lieu envers d'autres personnes ; mais ayant, seul, porté plainte ; seul aussi, *j'ai troublé l'ordre.*

Devais-je, Monsieur, pour mériter votre approbation, baiser la main qui avait brisé le cachet de mes lettres et donner copie de celles qu'on n'avait pu escamoter ?

Vous savez, peut-être, que dans plusieurs colonies, nos écus de six livres ne passent que pour une piastre (cinq francs), ce qui n'est pas favorable à celui qui reçoit des écus de France. N'importe *Escobar* Schmaltz a su mettre à profit cette idée : Un beau matin il voulut nous prouver, *par ordonnance*, qu'il serait avantageux aux intérêts du roi et aux nôtres de prendre pour six francs les pièces de cent sous. La conviction était difficile ; chacun murmura, je fus le premier à me plaindre, et le ministre nous autorisa à ne plus donner quittance de six francs quand M. Schmaltz n'en livrait que cinq.

Si vous voulez que, *sous plus d'un rapport, j'aie troublé l'ordre*, convenez, Monsieur, que c'est de la même manière que les défenseurs de la justice portent le trouble parmi les malfaiteurs.

A quel dessein avez-vous traité à la tribune un sujet religieux, si étranger au fait de la Traite ? Ignorez-vous que la police de ma paroisse ne ressortit que de moi ? Je suis soumis, comme prêtre, à une discipline que vous n'avez pas droit d'inspecter. Vous n'avez rien à voir au-delà de l'exécution des lois civiles ; et j'ai rendu compte, à mes supérieurs, de celles de mes actions qui dépendent des lois religieuses.

Mais puisque vous vouliez parler religion, il fallait relever la coupable indifférence de ceux, qui, dilapidant les revenus de sa majesté très-chrétienne ont laissé manquer l'autel des meubles les plus nécessaires à la célébration de l'office divin ; qui, sourds à mes réclamations, ont voulu qu'une mauvaise chambre à coucher servît de paroisse à la colonie, que les saints mystères fussent célébrés sur une table de cabaret, qu'un manche à balai servît à porter la croix paroissiale : il fallait dévoiler l'infamie de ceux qui m'ont refusé une boîte à clef pour servir de tabernacle, ce qui m'a privé pendant deux ans, d'administrer les malades, et de donner la bénédiction du saint sacrement (1). Vous deviez dénoncer la conduite des chefs qui ont toléré la profanation du saint jour de dimanche, jusqu'à permettre des ventes publiques, par le ministère du greffier, à l'heure de la grand'messe, pendant les fêtes de Pâques, de la Pentecôte, etc.

Vous me blâmez d'avoir séparé de ma communion les indigènes mahométisant, et l'impie qui préférait le koran à l'évangile, pour vendre, en sûreté de conscience, des malheureux noirs.

Fallait-il, M. Courvoisier, admettre à la sainte table des hommes circoncis, adonnés aux superstitions les plus révoltantes, qui refusaient de professer la foi chrétienne, et sacrifiaient des victimes humaines au grand serpent etc.? Enfin, devais-je, pour n'être pas accusé d'*extravagance*, servir de marabout aux mahométans, et de grand prêtre aux idolâtres (2)? Peut-être, à ces conditions, eussiez-vous fait mon éloge. Une

(1) Dès les premiers jours de mon arrivée, ayant demandé à M. Schmaltz une boîte à clef en guise de tabernacle, il me répondit ces paroles remarquables : « *D'ailleurs, je suis* EGOISTE (pour rendre hommage à la
« vérité, je dois convenir ici que M. Schmaltz n'a jamais parlé avec plus
« de franchise) *et personne n'obtiendra rien dans la colonie avant que les*
« *travaux du roi ne soient achevés, parce que les intérêts du roi marchent*
« *avant tout.* »

Mais, M. le colonel, lui répartis-je, est-ce que vous croyez que je suis venu au Sénégal pour le service du grand Turc? Ou voudriez-vous me persuader que sa majesté viendra passer l'automne dans la colonie? D'ailleurs dans une heure, un ouvrier ferait la boîte que je réclame, et sans laquelle je ne puis administrer les malades, ni donner la bénédiction du Saint-Sacrement.

(2) Les indigènes du Sénégal ne sont que ce qu'ils doivent être. Depuis la révolution, ils ont été démoralisés par ceux mêmes qui étaient payés pour les instruire. Cependant ils sont bons naturellement et avec un peu

conduite opposée a mérité vos reproches, comme elle avait excité le courroux de MM. Schmaltz et Fleuriau.

Je n'ignore point que, dans le monde, l'art de parvenir consiste souvent à être sourd et aveugle ; mais la religion que je sers m'impose l'obligation de dire la vérité, de secourir les malheureux dans l'infortune, et de sacrifier la vie même à l'accomplissement de mes devoirs. Si j'avais été bas et rampant, comme d'autres, j'aurais obtenu l'approbation des gouverneurs Schmaltz et Fleuriau, ainsi que la vôtre, puisque, dites-vous, elle n'est fondée que sur les pièces que ces messieurs vous ont fournies. Je défie l'administration du Sénégal, d'induire jamais un simple indigène, à dire la moindre chose contre moi. Que MM. Schmaltz et Fleuriau montrent, s'ils le peuvent, l'approbation d'aucun habitant blanc, ou noir.

Vers la fin de 1817, M. Schmaltz, revenant en France, pour développer dans les bureaux ce fameux système qui a complété en deux ans la ruine entière de nos établissemens d'Afrique, crut avoir besoin d'un certificat de bonne conduite. Personne ne voulut signer l'attestation mensongère, excepté quelques débiteurs du sieur Potin, affidé et confident de M. Schmaltz (1).

Voici encore un fait qui prouvera la foi que méritent les pièces que vous avez consultées.

A mon retour en France, les détails que j'avais présentés au

d'ordre, un gouverneur sage leur ferait aimer la justice et le nom Français ; mais il faudrait pour cela envoyer des hommes probes, incapables de faire fortune au dépens de la prospérité publique.

(1) Vers la fin de janvier 1817, époque où les Anglais nous cédérent la colonie, tous les indigènes et étrangers, habitant le Sénégal, adressèrent au gouverneur britannique, M. le colonel Mackenzie, la lettre la plus flatteuse pour le remercier de son administration.....

Sous le gouvernement Anglais, les habitans de St. Louis ont élevé un monument à la mémoire du général Blanchot sur lequel on a gravé : *l'homme intègre.. la justice et la vérité sont de tous les pays.*

m:nistre sur les vices-de l'administration du Sénégal , furent renvoyées à M. Schmaltz et Fleuriau ; ceux-ci pour répondre à mes accusations , dont la première était qu'ils avaient sciemment laissé faire la traite , firent colporter publiquement par le maire Dubois, en juillet 1819, un an après mon départ, une enquête aux habitans, composée par le nommé Dard, fripon, expatrié de Paris pour vol tenté chez M. Champi, et accueilli avec bienveillance par ces deux gouverneurs (1).

Cette pièce , pour laquelle le maire Dubois mendiait, par ordre , la signature des habitans, tendait à prouver que j'aurais arraché des sommes de mes ouailles jusqu'à concurrence de quinze mille piastres (2). Les premières personnes

(1) Ce Dard, chargé de l'enseignement mutuel, n'a fait servir sa place qu'à elever une fortune, en exigeant de fortes rétributions de ses écoliers, quoiqu'il soit payé pour les instruire gratuitement. Je puis montrer plusieurs de ses quittances. Je regrette que mon témoignage contrarie la notice que M. Jomard vient de publier, dans la revue encyclopédique du mois d'avril 1820, où ce membre de l'institut fait un pompeux éloge de ce fripon.

Cet éloge a été composé, par considérations pour certaines personnes, comme la diatribe de M. Courvoisier, et je puis ajouter, avec la même vérité.

(2) A mon arrivée d'Afrique, je réclamai, auprès du ministre, les frais de l'entretien de la chapelle, la nourriture et la solde d'un gardien et d'un servant, depuis le 20 décembre 1816, jusqu'au mois d'octobre 1818 , ainsi que mon indemnité de logement et plusieurs autres sommes qui démontraient les injustices dont j'ai été victime au Sénégal.

Son excellence pour me récompenser des détails que je lui avais fournis sur les malheurs de la colonie, m'a refusé à Paris, ce que je n'ai pas voulu accepter de M. Fleuriau, à St. Louis.

Les réponses que ce ministre a daigné faire à mes réclamations laissent douter, si c'est à Paris, ou à Constantinople, qu'on administre ainsi la justice. Aussi je ne balançai pas à lui faire observer, que, le croyant d'une communion différente de la mienne, il était peut-être inconvenant de sa part de me chicaner sur le casuel, qui avait été nul au Sénégal.

à qui l'on s'adressa, firent justice de cette infame calomnie. Les frères Derneville la repoussèrent avec mépris. M. Porquet qui figurait sur l'enquête, pour avoir déboursé cent cinquante francs, déclara hautement ne m'en avoir donné que trois. M. Morel, sur cent-cinquante piastres qu'on m'inculpait d'avoir exigé de lui, pour son mariage et un service, protesta n'en avoir dépensé que douze. Ce dernier reprocha au maire Dubois (1), de prostituer son ministère, pour soutenir la calomnie ; ajoutant que c'était au sieur Dard qu'il avait payé cinq cents francs pour quelques mois d'école, et qu'ayant trouvé cette somme trop forte, il avait retiré ses enfans. Plusieurs autres habitans ont agi de même. M. Schmaltz a fait obtenir une augmentation de solde à ce fripon, avec autant de justice, que les croix d'honneur qu'il a fait accorder à M. B. pour avoir protégé la traite des Noirs à Gorée, et à M. D. pour avoir vendu au gouvernement ses vieux restes de magasin, plus chers que les marchandises fraîches que d'autres négocians avaient offertes à un prix moindre.

Vous voyez, Monsieur, que le colonel Schmaltz, escorté de tout son pouvoir, n'a pu obtenir un signe d'approbation de ses

---

Je dois aussi déclarer que le ministre de la marine a eu des preuves matérielles que je n'ai pas apporté d'Afrique, de quoi subsister un seul mois à Paris.

(1) Le sieur Dubois, maire de Saint Louis, déjà dépeint par plusieurs voyageurs, comme un homme sans foi, (Voyez le *Voyage de Saugnier*, in-8°, Paris, 1792, p. 122), indigène de couleur, chrétien, circoncis, et le circonciseur en chef de la colonie, vint un jour chez moi pour m'engager à me contenter de la part des Musulmans d'un serment pur et simple, ajoutant qu'on ne pourrait pas enfreindre, sans danger, celui qu'on ferait sur l'évangile.

Au mois de juillet 1818, lui ayant demandé ce qu'était devenu un jeune noir libre, tombé en démence ; il me répondit naïvement, en présence de plusieurs personnes, qu'il l'avait fait passer à la grande terre pour y être empoisonné.

administrés ; tandis qu'en mon absence, les deux gouverneurs se dégradant jusqu'à solliciter de faux témoignages contre ma conduite, les bons indigènes du Sénégal me rendent justice. Ils savent que ce n'est pas moi qui ai dévoré leur fortune...... mais des administrateurs qui étalaient leurs noirs au marché, qui s'emparaient du commerce des habitans, ont dû concevoir contre moi une haine implacable, de ce que, loin d'imiter leur exemple, je les blâmais tout haut et faisais tuer des bœufs, à mes frais, pour les distribuer aux malheureux. D'après quelques plaintes parvenues au ministre, le gouverneur Fleuriau, et le contrôleur Dinville firent signer à tous les employés une promesse par laquelle ils engageaient *leur parole d'honneur* de ne plus faire aucun commerce, le jour même que M. Dinville venait de recevoir une cargaison d'Europe. Tous, excepté moi, signèrent *la pièce officielle* par laquelle M. Fleuriau *s'était mis en règle*, et n'en continuèrent pas moins de faire leur commerce tout comme auparavant. Jusqu'à l'époque où j'ai eu le malheur de me trouver sous l'administration désastreuse de MM. Schmaltz et Fleuriau j'ignorais que l'on pût impunément faire valoir l'argent de l'état au préjudice des employés, et que des commis fussent autorisés à vendre, pour leur compte, les denrées et marchandises des magasins du roi.... Tels sont les exploits des autorités civiles et militaires qui m'ont accusé *d'imposture* et *d'extravagance*, et sur le témoignage desquelles vous n'hésitez pas de faire un rapport un peu trop vernisé *d'humeurs gastriques.*

Vous vous empressez d'approuver et de louer, tout comme a fait son excellence, l'administration de MM. Schmaltz et Fleuriau. Cependant pour la juger, il n'était pas nécessaire d'attendre que les Pouls, l'almami de Bondou, les maures et le Damel nous eussent déclaré une guerre générale ; que la traite de la gomme eût passé entre les mains des Anglais ; que le commerce du Sénégal fût anéanti ; que des citoyens industrieux et d'anciens habitans s'expatriassent de la colonie, etc. ; il suffisait de savoir que ces plaisans gouverneurs laissaient faire la traite, qu'ils permettaient à leurs employés d'exercer un commerce qui détruisait celui des naturels ; qu'ils toléraient la contrebande, par navires étrangers ; qu'ils faisaient obtenir la croix à M. B...; un avancement à Courau ; une augmentation de paye à Dard!... qu'ils persécutaient M. Hébérard, la seule personne qui ait créé une nouvelle branche d'industrie dans la colonie (1) ; qu'ils me refusaient des avances que j'ai déboursées et qui sont portées en dépenses dans le budget du ministre de la marine. En 1817 et 1818 j'étais seul prêtre dans la colonie, et quoique son excellence ait reçu les appointemens de deux (7600 francs par an) on me retient mes honoraires! .. je vous conseille, monsieur Courvoisier, lorsque vous serez appelé, l'an prochain, à voter, encore une fois, de confiance le budget de la marine , à réfléchir sur cet article, pour l'acquit de votre conscience. Car je présume que vous n'adoptez pas l'opinion de tant d'hommes publics qui pensent, comme les athées, que Dieu et probité publique sont des suppositions.

Je connais tout aussi-bien que vous, Monsieur Courvoisier, la conduite qu'il faudrait tenir pour amasser de l'or et des honneurs ; je veux dire de ce que l'on appelle ainsi dans ce siècle des lumières et de la philosophie où l'égoïsme fait tout le mérite de certains hommes d'état. Je sais aussi que les opprimés n'enrichissent jamais ceux qui se dévouent à leur défense ; et je n'ignorais point, étant au Sénégal, que les Noirs, qu'on traînait au marché comme des bestiaux, n'avaient point d'argent à donner. On l'a dit, Monsieur, et avec raison ; si la peste distribuait des pensions et des places : la peste aurait ses prôneurs!..

---

(1) On a eu la petitesse, d'autres diront l'infamie, de le priver d'une ration que le ministre lui avait accordée en l'envoyant en Afrique pour explorer la presqu'île du Cap vert. Son crime a été d'avoir désapprouvé le sublime projet du charlatan Schmaltz qui prétendait transformer en paradis terrestre les sables brûlans du désert de Sahara , moyennant la bagatelle de dix millions; c'est-à-dire, de deux millions par an, pendant cinq années.

Quand on arrache une victime des mains du sacrificateur, il faut s'attendre à son courroux.

Revenons à la traite des Noirs, qui, seule, devait former l'objet de votre rapport.

Quelle extravagante manie de vouloir soutenir à Paris, à la tribune nationale, que la traite n'a pas eu lieu au Sénégal, pendant que les gazettes de France, et tous les journaux du monde annoncent le contraire. Tous les jours les Anglais capturent des négriers français, sur les côtes d'Afrique, et vendent publiquement nos vaisseaux surpris avec des noirs à bord. Les faits dont parle M. Morenas, à la page 10 de sa pétition, sont positifs et irréfutables. Peu de jours après vos diatribes contre moi, les papiers publics vous ont annoncé encore une nouvelle prise d'un négrier français; la goëlette la Marie, capturée le 20 janvier 1820, avec cent six esclaves à bord (1).

La pétition de M. Morenas, qui a ému votre bile, est si peu dénuée de fondement que je m'offre d'y ajouter plusieurs autres faits, pour convaincre les incrédules, s'il en existait encore un seul sur cette matière; mais, à ce sujet, je dirai, Monsieur, avec un poète célèbre, *qu'il n'est pas de pire sourd, que celui qui ne veut pas entendre.* M. Morenas s'est borné à indiquer des faits, sans leur donner aucun développement; je puis suppléer à son silence, parce que *j'ai vu.* Quant à cette cargaison d'esclaves, partie le jour de la Saint-Louis, du quai de la maison Potin (2), je puis ajouter que deux malheureux Noirs, qui avaient servi pendant le repas que le gouverneur donna à cette fête, furent enlevés de l'office, et embarqués à la connaissance de plusieurs personnes.

Voici, Monsieur, quelques détails sur le massacre du village *Diaman* (3). Le désir de m'instruire me conduisit dans une maison

____

(1) Voyez le constitutionnel du 14 juillet dernier.
(2) Voyez page 4 de la Pétition de M. Morenas.
(3) Idem.

d'un indigène, voisine de la mienne, où l'on avait acheté une femme de vingt ans, capturée à cette occasion. J'appris d'elle que, n'ayant pu fuir, à cause d'une blessure aux pieds, les Maures l'avaient fait esclave; que son mari étant à la chasse, depuis huit jours, sa fille aînée avait été sauvée par sa grand'mère; que son père était mort en défendant le village; et que les Maures, en arrêtant cette malheureuse, avaient poignardé, dans ses bras, un enfant de cinq mois.

Cette Négresse souffrait beaucoup de mes questions, et je ne parvins qu'avec peine à lui faire accepter un petit secours. Il fallut lui répéter souvent, peut-être sans la convaincre, que tous les Blancs ne se ressemblaient pas, et que le plus grand nombre détestaient de pareilles horreurs; *pourquoi donc*, s'écria-t-elle avec vivacité, en fondant en larmes, *ne les empêchent-ils pas?*

La destruction du village Diaman fut le signal des plus horribles excès dont à peine j'aurais osé soupçonner les Canni- bales. Sur le Sénégal, dans les rues de la colonie, comme dans les campagnes environnantes, tout noir inconnu et sans pro- tection était arrêté, vendu et embarqué. Combien de fois n'ai- je pas entendu les cris des infortunés, qui se débattaient, pen- dant la nuit, contre leurs ravisseurs!

Que faisait alors M. Schmaltz, qui prétend qu'on n'a point fait la traite? Il allait tous les jours passer quatre heures de la matinée dans la captiverie du sieur Potin, son affidé, son conseil et son privilégié. A cette époque, plusieurs négriers m'ont fait part publiquement de leurs plaintes contre ce gou- verneur, qui accordait au sieur Potin le monopole exclusif de la traite, comme il lui avait déjà octroyé celui du commerce.

M. Schmaltz n'a pu ignorer le commerce des noirs, puisque la plupart de ses employés le faisaient publiquement; peut- être même, avec son autorisation. Il aurait dû voir au marché, ainsi que je l'ai vu plusieurs fois à cette époque, des hommes étalés comme des animaux. Ignorait-il l'existence des capti-

veries, que tout le monde, *excepté lui*, a vues à Saint-Louis ?
M. Colbrant, commis de marine, en avait établi une au commencement de 1817, avant même que les Anglais eussent cédé
la colonie. *Je l'ai vue* plusieurs fois, et jamais le sieur Colbrant
n'a fait un secret de ce commerce illicite. (1) Jugeant de la
bourse de ses concitoyens, par l'état de la sienne, il prétendait
même que depuis qu'on faisait la traite au Sénégal, tout le
monde devait être heureux. En vain j'ai essayé, à diverses
reprises, de lui persuader que, fût-on réduit à brouter l'herbe,
il ne serait jamais permis de faire la chasse aux hommes pour
les vendre. Mais, n'ayant pu convaincre de cette vérité les
deux commandans pour le roi, quel moyen de la faire entrer
dans la tête d'un commis ? *A bove majore discit arare minor.*

Dans le commencement de l'année 1818, le roi Damel vint
camper avec environ trois mille hommes, cavalerie et infan-
terie et mille maures, au village de Gandiol, à trois lieues
de Saint-Louis. J'allai voir ce barbare, qui, pendant les six mois
de la même année, a parcouru les différentes parties de son
royaume en y portant le feu, l'incendie et la mort. A qui a-t-il
vendu ceux de ses sujets qu'il a faits esclaves par milliers ? Tous
sont partis, pour l'Amérique, du Sénégal, ou de Gorée.

Enfin en 1817 et 1818, employés ou non, tous, ou presque
tous ont fait la traite au Sénégal, et j'ai vu journellement des
malheureux noirs pouvant à peine se traîner sous le poids de
leurs fers, se promenant, ou plutôt chancelant dans les rues
pour respirer, quelques instans, un air moins empesté que
celui des captiveries. A cette époque j'écrivis, à M. Fleuriau,
pour lui demander « si c'était pour être témoin des cruautés
« qu'on avait commises et de celles qui se commettaient encore

____

(1) Un autre négrier M. ***, employé du gouvernement, disait un
jour, en présence de MM. H. et M., je voudrais bien qu'on me dise quelque chose pour avoir fait la traite ; je ne m'en cache point et j'ai cru en
avoir le droit, quand mes supérieurs m'en donnaient l'exemple.

« contre des hommes innocens et paisibles qu'on m'avait en-
« voyé au Sénégal. » (1) Voici ce que me répoudit ce gouverneur, assez bonne doublure de son patron Schmaltz......

« Comme je suppose que ceci a trait au trafic des esclaves,
« je vous somme, Monsieur, de m'instruire de ce que vous
« savez à cet égard et *sur-tout de m'en fournir la preuve.*

Voyez M. Courvoisier, quelle prudence ? Je m'abstiens, par
égard pour le public, du terme convenable. Vous auriez exigé,
de même, qu'avant de prononcer, devant la nation, le mot de
traite, l'on vous eût fourni la preuve légale. Soyez sans inquiétude, l'on vous en fournira ; peut-être, au-delà de vos désirs.

Je fis réponse, à M. le capitaine de frégate, qu'il employât
pour s'informer de ce qui se passait tous les jours, dans son petit
gouvernement de l'île Saint-Louis, les moyens qu'il avait
entre les mains ; qu'il fît agir ses subalternes et qu'il eût la
bonté de me rayer de sa liste.

A cette époque, il y avait dans la colonie plus de deux mille
esclaves destinés à être embarqués pour l'Amérique; comme
ils le furent, en effet, après le retour de M. Schmaltz.

Il est inutile, Monsieur, de joindre ici copie du certificat
que j'ai délivré à l'appui de la pétition de M. Morenas. Je crois
cependant nécessaire de répéter que *j'ai vu faire la traite,*
pendant les deux années que j'ai passées au Sénégal, ou à Gorée,
que les faits contenus dans cette pétition sont vrais; que j'en ai
dénoncé une partie au ministre, dans mon rapport du 5 janvier 1819 ; et que je n'ai quitté la colonie qu'après avoir inuti-
lement employé mes efforts pour obtenir la franche exécution des lois qui abolissent la traite.

(1) Presque tous les jours, il mourait de ces malheureux esclaves, de
chagrin, de faim, ou par l'effet des coups, ou parce qu'ils se donnaient
la mort eux-mêmes, plutôt que d'être embarqués pour l'Amérique. Il
est arrivé même qu'un esclave mort dans un coin d'une captiverie, n'a été
découvert que par l'odeur qu'exhalait son cadavre. M. Fleuriau doit
se souvenir de cette anecdote.

Voilà, Monsieur, la vérité, que j'ai certifiée par écrit au comité des pétitions, et que je suis prêt à soutenir, de vive voix devant les tribunaux ; tel est le devoir d'un honnête homme, particulièrement celui d'un prêtre et d'un citoyen, d'après la *morale extravagante* que les pères dans ma province, enseignent à leurs enfans.

Cependant, Monsieur, si l'on devenait coupable en faisant connaître le mal qu'on a vu faire et qu'on n'a pu empêcher ; si, dans la capitale du monde civilisé, il était criminel de faire entendre la vérité : qu'on me traduise en jugement et que l'on me condamne, si on l'ose ; je porterai ma croix avec résignation, en songeant que je ne serais pas le premier innocent qui aurait succombé sous un jugement inique. Ma condamnation ne prouverait autre chose, sinon, que dans ce monde, malgré vos lumières et votre philosophie, l'on ne fait pas toujours le bien impunément.

Cette vérité dont je m'honore a toujours été la base de mes actions. Depuis le jour où je fus chargé d'un emploi public, c'est-à-dire, depuis 1816 jusqu'à présent, mon langage a été le même. Il est vrai que je n'ai pas été plus heureux que ceux qui ont tenu la même conduite ; mais comme eux, j'ai emporté, dans ma retraite, la conscience d'une vie irréprochable. Pour le malheur de la France le nombre des hommes publics qui n'ont pas de conscience, ou qui la laissent dormir, n'est que trop considérable en ce moment.

Vous, M. Courvoisier, ultra en 1815 ; ministériel l'année suivante, vous accusiez le parti dont vous veniez de déserter les rangs, *de faction funeste*. Vous avez paru, dans la dernière session, sous la bannière des libéraux que vous avez bientôt abandonnée. Je suppose que c'est par conviction ; car, loin d'imiter votre exemple, je repousse tout bruit, même public, qui tend à dégrader la dignité de l'homme. Mais comment vous excuser d'avoir attaqué une loi pour laquelle vous avez donné votre vote, en disant : *simple député j'aurais repoussé ;*

magistrat j'adopte. C'est-à-dire, que simple député vous eussiez voté selon votre consience, ainsi que fait tout honnête
homme; mais à cause de votre place, cela n'est plus possible,
et il vous convient d'infliger à la nation une loi que vous jugez
mauvaise. Bravo, M. Courvoisier, l'aveu est naïf et il faut es-
pérer qu'il sera utile à vos commettans ! Avec une telle énergie
et une pareille indépendance, soyez sans inquiétude ; jamais
gouvernant ne vous accusera *de vouloir troubler l'ordre.*

Toujours docile à la voie d'un ministre, pour couronner di-
gnement votre conduite politique, vous ne rougissez point de
vous charger de la honteuse tâche de louer un intrigant tel que
Schmaltz ; de défendre son administration, au moment où il a
consommé la ruine entière de la colonie, après avoir dévoré
les hommes et l'argent que le ministre a eu l'imprudence de lui
confier.

Il est donc vrai, Monsieur, qu'il existe des hommes toujours
prêts à tourner du côté du plus fort ; qui, étouffant les remords
de leur conscience et méprisant le blâme public, sont toujours
disposés à flatter le pouvoir et à se prosterner devant l'idole
qui distribue les récompenses ; offrant, s'il le faut, de prononcer
une satire sur le proscrit, ou de chanter l'éloge de celui qui
exile.

Je suis, Monsieur, avec la considération que vous
méritez.

Un Français qui n'est le valet de personne.

[illegible]